Couverture inférieure manquante

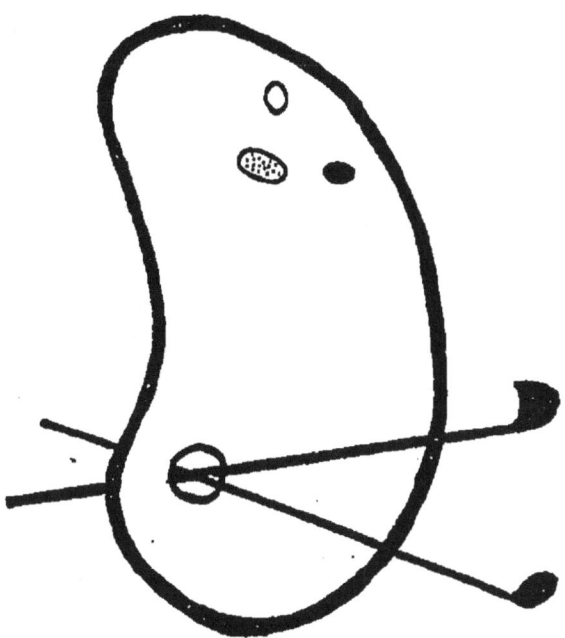

DEBUT D'UNE SERIE DE DOCUMENTS EN COULEUR

# DÉCOUVERTE

DES

# GRANDS LACS DE L'AFRIQUE CENTRALE

ET DES SOURCES DU NIL ET DU ZAÏRE

AU SEIZIÈME SIÈCLE

PAR

LE R. P. BRUCKER

DE LA COMPAGNIE DE JÉSUS
MEMBRE DE LA SOCIÉTÉ DE GÉOGRAPHIE DE LYON

Extrait des *Études religieuses*.

LYON
IMPRIMERIE PITRAT AÎNÉ
RUE GENTIL, 4
1878

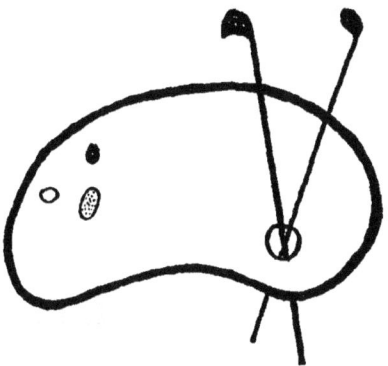

FIN D'UNE SERIE DE DOCUMENTS
EN COULEUR

# DÉCOUVERTE

## DES GRANDS LACS DE L'AFRIQUE CENTRALE

### ET DES SOURCES DU NIL ET DU ZAIRE

AU SEIZIÈME SIÈCLE

# DÉCOUVERTE

DES

# GRANDS LACS DE L'AFRIQUE CENTRALE

## ET DES SOURCES DU NIL ET DU ZAÏRE

## AU SEIZIÈME SIÈCLE

PAR

## LE R. P. BRUCKER

DE LA COMPAGNIE DE JÉSUS
MEMBRE DE LA SOCIÉTÉ DE GÉOGRAPHIE DE LYON

Extrait des *Études religieuses.*

LYON
IMPRIMERIE PITRAT AÎNÉ
RUE GENTIL, 4

1878

# DÉCOUVERTE
## DES GRANDS LACS DE L'AFRIQUE CENTRALE
### ET DES SOURCES DU NIL ET DU ZAIRE
#### AU SEIZIÈME SIÈCLE

« L'existence, dans l'Afrique centrale, d'un merveilleux système de lacs, dont le Tanganyika fait partie, semble avoir été connue des anciens, et si elle n'a pas été vérifiée sur place, elle avait été au moins conjecturée par les premiers explorateurs européens de l'Afrique. Mais dans les derniers temps, ce système de lacs était remplacé dans l'imagination des géographes par des espaces déserts. — Les suppositions des anciens voyageurs et missionnaires portugais sont *étonnamment proches de la vérité*, et les cartes d'Afrique d'il y a deux cents ans donnaient une idée plus exacte de l'intérieur du continent que celles de notre siècle, avant que les yeux fussent ouverts par la discussion d'anciens voyages, par les théories de M. Cooley (Desborough) et les découvertes de Burton et de Livingstone. »

Ainsi s'exprime un vaillant officier qui vient de prendre rang parmi les plus glorieux explorateurs de l'Afrique centrale, Lovett Cameron[1]. Ces belles paroles nous serviront, s'il en est besoin, de justification pour le titre placé en tête de ce travail. Toutefois, hâtons-nous de le déclarer, nous sommes loin de vouloir diminuer l'honneur des héros dont l'Europe entière acclame encore les noms. « Le *reporter* américain Henry M. Stanley, » s'écrie M. Petermann dans un accès d'enthousiasme[2], « est le Bismarck de

---

[1] *Across Africa*, t. II, ch. xvi, p. 312.
[2] *Mittheilungen*. 1877, XII, p. 466.

l'exploration africaine ! » Nous avouons que M. Stanley nous paraît plus grand que le prince de Bismarck, et nous ne serions pas étonné d'apprendre que l'illustre géographe de Gotha pense de même au fond de son cœur. En tout cas, les Speke, les Burton et les Grant, les Livingstone, les Cameron, les Stanley ont accompli de trop grandes choses pour craindre une comparaison avec les *découvreurs* presque oubliés du XVI° et du XVII° siècle. Dieu nous garde de mettre la main à une œuvre de dénigrement! Ce que nous entreprenons ici n'est qu'une œuvre de justice et de vérité historique. D'autres n'ont pu s'empêcher, en exaltant Stanley, de maltraiter les Portugais et les missionnaires catholiques : nous sommes surpris de trouver parmi eux M. Petermann. « La part des Portugais, » écrit-il, « et des missionnaires catholiques, dans l'exploration de l'Afrique, est presque nulle *(verschwindend klein)*, composée de renseignements incomplets et peu sûrs ; bien plus il faut dire qu'elle est une honte pour un pays civilisé et une œuvre chrétienne. Un seul voyageur allemand, Henri Barth, a plus fait pour la carte et la connaissance de l'Afrique, que tous les Portugais, y compris le gouvernement portugais, et que toutes les missions catholiques durant des siècles [1]. » A ces accusations d'une injustice outrée, il serait facile de répondre par un reproche contraire.

Les Portugais pourraient rappeler à M. Petermann comment, deux siècles avant qu'un *Allemand* eût vu l'Afrique centrale [2], ils avaient découvert et relevé avec une exactitude remarquable les côtes d'Afrique depuis le cap Nun jusqu'au cap de Bonne-Espérance et de là jusqu'à l'isthme de Suez : et cela seul est déjà quelque chose, qui vaut bien les travaux, si estimables soient-ils, de Henri Barth. Quant aux missionnaires, il leur suffirait de montrer la carte d'Abyssinie, dressée au prix de leur sang, qui

---

[1] *Ibid.* Les *Mittheilungen*, nous aimons à le dire, ont souvent parlé des missionnaires catholiques en termes tout différents.

[2] Parmi les voyageurs dans cette région, le premier de leur nation que nomment les savants allemands, est un Franciscain bavarois, le P. Krump, qui pénétra par la vallée du Nil jusqu'à Sennaar, sur le Nil bleu (1700-1701). Ce missionnaire, qui était jusqu'en 1859 resté inconnu aux géographes d'Allemagne (Hassenstein, dans *Geogr. Mittheilungen*, *Ergänzungsband II*, p. 21), avait publié une relation allemande de son voyage dès 1710 ; le P. Stöcklein l'a résumée dans son *Weltbott*, 8° partie, n° 214.

fournit la première base scientifique à la carte de l'Afrique tropicale; et si leurs autres travaux, si nombreux, ont été moins utiles aux cartographes, ils rachètent amplement ce défaut par la richesse de leurs informations sur des peuples à peine entrevus par les voyageurs modernes.

Mais dans cette étude nous n'entendons point faire de polémique; nous ne ferons pas même une apologie.

Nous voudrions simplement remettre en lumière quelques documents selon nous trop négligés ou peu connus. Nous commençons par ceux qui se rapportent aux grands objets dont la *découverte* fait actuellement le plus de bruit, c'est-à-dire aux lacs et aux sources du Nil et du Zaïre[1]. Nous nous contenterons presque de traduire, n'ajoutant que les éclaircissements nécessaires à l'intelligence du texte et les demandant, autant que possible, à l'auteur même que nous citons. Nos lecteurs jugeront si Barros, Lopez et Mariano (et ces noms en représentent beaucoup d'autres) n'avaient pas déjà, sur les grands lacs de l'Afrique centrale et sur le cours de ses grands fleuves, des idées qui commandent le respect, et qu'on a eu tort plus tard de dédaigner.

I

BARROS ET LE GRAND LAC AU CENTRE DE L'AFRIQUE

Les plus anciens historiens des expéditions portugaises en Afrique, parlent d'un lac immense, situé vers le milieu du continent et qui formerait une sorte de réservoir commun pour les principaux fleuves de l'Afrique centrale. Voici comment le célèbre Jean de Barros rapporte cette information dans sa première Décade *de l'Asie*, publiée en 1552 [2].

---

[1] Nous supposons connus les résultats principaux de cette découverte. La petite esquisse que nous joignons à ce travail et que nous avons mise au courant des dernières explorations, n'a pour but que d'aider la mémoire ou l'imagination du lecteur.

[2] *Da Asia*, dec. I, lib. x, c. 1. — Nous regrettons de n'avoir pas à notre disposition le texte original de Barros; nous traduisons sur la version italienne de Ramusio, dont la fidélité est reconnue *(Primo volume et seconda editione delle navigationi et viaggi*, Venise, 1554, p. 434). Avertissons une fois pour toutes que nous traduirons le plus littéralement possible, sans nous préoccuper de l'élégance.

« Toute la terre que nous avons comptée pour le royaume de *Cefala*[1] est une grande région soumise à un prince païen nommé *Benomotapa*[2]. Elle est entourée à la manière d'une île par les deux bras d'un fleuve qui sort du lac le plus considérable qu'il y ait dans toute l'Afrique. Ce lac est celui que les anciens écrivains ont tant désiré de connaître, parce qu'il est la source mystérieuse de l'illustre *Nil*; et notre *Zaïre*, qui coule à travers le royaume de *Manicongo*[3], en provient également. Nous avons lieu de croire que ce lac est plus voisin de notre Océan occidental que de la mer orientale suivant les positions de Ptolémée, vu que, du même royaume de Manicongo, il reçoit les six rivières *Bancare, Uamba, Cuyla, Bibi, Mariamaria, Zanculo*, qui sont très-puissantes, sans parler d'autres sans nom, qui font de lui comme une mer navigable pour de nombreux navires. C'est là qu'on trouve cette île qui fournit 30,000 hommes, lesquels viennent faire la guerre à ceux du continent.

« Des trois grands fleuves dont nous savons actuellement qu'ils sortent de ce lac et qui vont se jeter dans la mer à une si grande distance les uns des autres, celui qui traverse le plus de terres est le Nil. Les Abyssins du pays du Prêtre-Jean l'appellent *Tacuy* et il reçoit dans cette contrée-là deux autres rivières considérables, que Ptolémée appelle *Astaboras* et *Astapus*, et les indigènes *Taccazy* et *Abagni*. Et encore que cet Abagni[4] (nom qui signifie chez les Abyssins *père des eaux*, pour indiquer l'abondance qu'il en a) provienne d'un autre grand lac appelé *Barcena*, le *Coloa* de Ptolémée, où il y a aussi des îles avec quelques monastères de religieux, comme on le verra dans notre géographie[5], néanmoins ce second lac ne peut se comparer au nôtre; car celui-ci, d'après les informations que nous en avons par la double voie de Manicongo et de Cefala, doit avoir plus de cent lieues de longueur.

« Le fleuve qui vient vers Cefala, après être sorti de ce lac et avoir parcouru une grande distance, se divise en deux branches, dont l'une va déboucher au-dessous du *cap des Courants ;* c'est ce que les nôtres appelaient anciennement le *fleuve du lac* et qu'ils appellent mainte-

---

[1] *Sofala*, une des plus anciennes conquêtes du Portugal sur la côte orientale de l'Afrique australe. La ville de Sofala est située un peu au sud de l'embouchure du Zambèze.

[2] *Monomotapa.* Les voyageurs modernes confirment ce que savaient déjà les anciens, que ce nom, plus généralement employé comme nom de pays, désigne proprement le chef ou le peuple de la région au sud du cours moyen du Zambèze.

[3] C'est le *Congo*, c'est-à-dire le pays côtier qui avoisine les bouches du *Zaïre*. Mani-congo est un mot composé comme Mono-motapa, qui signifie *chef* ou *roi* de Congo.

[4] Barros veut parler de l'*Abavi* ou *Abaïe*, le Nil des Abyssins, le « Fleuve bleu » (*Bahr-el-Azreq*) des Arabes, qui sort du lac *Tsana* (*Bahr-Tsana*, *Barcena* de Barros) et joint le Nil blanc (*Bahr-el-Abiad*) à Khartoum. Le Taccazy est l'*Atbara* des Arabes.

[5] La *Géographie universelle de l'Afrique* de Barros n'a pas été publiée. (F. Denis, dans la Nouvelle Biographie universelle de F. Didot, art. *Barros*).

nant *fleuve du Saint-Esprit*[1], nom que lui a donné Laurent Marquez en 1545 ; l'autre branche entre dans la mer à vingt-cinq lieues au-dessus de Cefala et porte le nom de *Cuama*[2], bien que dans l'intérieur du continent les peuples indigènes l'appellent *Zambere*. Ce bras est beaucoup plus puissant que celui d'*Espirito Santo* ; car il est navigable pendant plus de deux cent cinquante lieues, et il reçoit les six grandes rivières de *Panhames, Luangoa, Arruya, Maniovo, Inadire, Ruenia*[3]. Toutes ces rivières arrosent le pays de Benomotapa et la plupart charrient de l'or en grande quantité. »

Nous trouvons dans ce curieux texte, l'origine du fameux lac *Zambre* ou *Zembre*, appelé *Zaïre* dans sa partie septentrionale, qu'on voit s'étaler largement au sud de l'équateur (entre 5° et 12° lat. A.) et au centre du continent, sur toutes les cartes d'Afrique depuis la seconde moitié du XVI° siècle jusque vers la fin du XVII[4].

Ce lac prodigieux, avec ses écoulements multiples en sens opposés, fait sourire les modernes. Nous n'essaierons pas de montrer comment il pourrait s'accorder avec les lois connues de l'hydrographie. Est-ce à dire, cependant, qu'il ne soit qu'une pure fiction ? Certainement l'hypothèse accueillie par le Tite-Live portugais renferme un fonds sérieux. Les informations, d'où elle est sortie, prises avec une plus forte dose de critique, donneraient tous les traits essentiels de la notion que nous possédons aujourd'hui des grands lacs de l'Afrique centrale. Sur les deux côtes du continent, à l'est comme à l'ouest, et partout où ils établissaient leurs forts et leurs comptoirs, les Portugais entendirent parler du *Nyassa* ou *Nyanza* (c'est ainsi que les nègres désignent tous leurs lacs), qui donnait naissance

---

[1] C'est une des rivières qui tombent dans la baie Delagoa, qu'on a confondue peut-être avec le *Limpopo* ou *Inhampura* ; ce n'est pas, néanmoins, une *branche du Zambèze*.

[2] C'est le *Zambèze*, que les Portugais appelaient Cuama près de ses embouchures, du nom d'une peuplade qu'ils y avaient rencontrée.

[3] On retrouve les noms de la plupart de ces affluents dans les relations de Livingstone. Le plus éloigné vers l'ouest et le plus important est le *Luangoa* (*Loangwa*), qui a ses sources dans le voisinage des trois grands lacs Nyassa, Tanganyika et Bangweolo ; il se jette dans le Zambèze près de Zumbo, ancien établissement portugais.

[4] Il paraît pour la première fois peut-être sur la carte d'Afrique que Ramusio a insérée, en même temps que ce chapitre de Barros, dans la seconde édition de ses *Viaggi* (1554). Il y tient la place du plus occidental des deux lacs du Nil de Ptolémée.

aux fleuves du pays. Mais cette « mer intérieure » représentait tour à tour le *Tanganyika*, le *Nyassa* des Maravis, les lacs du Lualaba ou haut Zaïre, le *Mwoutan* et l'*Ukerewé* (Albert et Victoria Nyanza), suivant que les informations étaient reçues dans le Congo et l'Angola ou sur les côtes de Sofala, de Mozambique et de Mélinde. Les Portugais eurent le tort de tout appliquer d'abord à un seul réservoir d'une étendue invraisemblable. Quand ils commencèrent à pénétrer dans l'intérieur et qu'ils purent vérifier par eux-mêmes les allégations des indigènes, ils corrigèrent en partie cette première erreur : ils divisèrent pour ainsi dire, la vaste mer centrale en plusieurs bassins de grandeur raisonnable et assez éloignés les uns des autres[1].

Ce progrès géographique se traduit dès la fin du xvi° siècle, dans les cartes composées sur des documents portugais, par exemple dans celles de Linschoten (1599), des Hondius (1606). En outre du légendaire lac *Zembre* ou *Zaïre*, toujours trop largement étendu au milieu du continent, on voit déjà deux ou trois lacs plus modestes, comme le *Zaflan*, dont la position et les contours annoncent avec assez de bonheur le Tanganyika, puis le *Zachaf*, qui doit représenter le Nyassa ou le *Ngami*[2]. Il faut ajouter, malheureusement, qu'arrivée à ce point la cartographie (nous parlons surtout de la cartographie flamande et hollandaise, qui fit la loi en Europe jusqu'au xviii° siècle)

---

[1] M. José de Lacerda, dans son savant *Exame das viagens do doutor Livingstone* (Lisbonne, 1867), a réuni des documents d'où il résulte que les Portugais ont eu connaissance, dès le xvi° siècle ou le commencement du xvii°, de plusieurs grands lacs distincts et s'écoulant dans des bassins différents. (V. par exemple, pour le lac qui est la source du Zambèze, le remarquable témoignage, du P. Jean dos Santos, Dominicain qui évangélisa les Cafres de 1586 à 1597, à la p. 84. La citation est tirée de l'*Ethiopia oriental*, publié en 1609, liv. II, c. 11. Mais M. de Lacerda, comme nous le verrons, n'a point connu la relation plus importante peut-être du P. Mariano sur le Nyassa).

[2] Le *Zaflan*, beaucoup plus petit que le *Zembre*, se voit à l'est de ce dernier, en face de Zanzibar ; il a la forme d'un ovale, dont l'axe long est dirigé du sud au nord-ouest. La branche du Nil à laquelle il donne naissance, va rejoindre celle du Zembre après un chemin assez long, un peu au nord de l'Équateur. — Le *Zachaf*, plus petit encore, se montre vers le 16° degré lat. A., au sud-ouest du Zembre. La plupart des cartes du xvii° siècle en font venir le Zambèze et le fleuve de l'Esprit-Saint ou encore le Magniça, qui débouche aussi dans la baie Delagoa. Le prêtre voyageur Manuel Godinho, dans son *Voyage de l'Inde en Portugal par terre* en 1663, décrit le Zachaf de telle manière qu'il serait certainement identique au lac Nyassa (Lacerda, *Exame*, p. 45-46).

n'avance plus, alors cependant que les explorateurs portugais ne s'arrêtent pas. Ainsi l'on continuera de prolonger l'Abyssinie quatre fois trop loin vers le sud, plus de cinquante ans après que cette lourde bévue aura été redressée par les missionnaires Jésuites.

Pour en finir avec le grand lac intérieur de Barros, on peut encore soutenir à la décharge du Tite-Live portugais que ce gigantesque réservoir central n'est après tout que l'expression outrée d'une idée vraie. Nous prions nos lecteurs de jeter un coup-d'œil sur notre esquisse de la région des lacs. Est-il besoin de faire observer combien la séparation est faible entre tous ces grands réservoirs, placés aux origines de trois grands fleuves différents? Et cependant afin d'éviter une confusion que nous paraitrions avoir cherchée pour les besoins d'une thèse, nous n'avons pas rapproché les lacs autant que nous l'aurions pu ; car les affluents ou effluents, encore imparfaitement explorés, qu'on rencontre à leurs extrémités, côtoient de si près les appendices semblables des lacs voisins qu'ils pourraient bien se mêler de fait ; et si les communications réciproques ne sont pas constantes, il est assez probable au moins qu'elles s'établissent chaque année, au temps des grandes crues. Ajoutons pour ce qui concerne les fleuves, que l'illustre voyageur Cameron a constaté l'enchevêtrement de bon nombre des affluents du Zambèse avec ceux du Zaïre, d'où il résulte que les deux bassins sont réellement confondus sur de grandes étendues pendant la saison des pluies annuelles [1]. Cela tient à ce que les *lignes de partage des eaux*, soit des lacs, soit des rivières, sur le plateau de l'Afrique centrale, ne sont pas en général fortement marquées.

Sans appuyer sur ces faits plus que de raison, il nous sera permis de penser qu'ils expliquent et dans une certaine mesure justifient l'illusion de Barros et de ceux qui l'ont renseigné. Dire que le Nil, le Zaïre et le Zambèze sortent tous trois d'un lac central immense ou dire qu'ils reçoivent leurs eaux, partie d'une vaste région de lacs, où l'on ne peut encore aujourd'hui clairement délimiter ce qui appartient à chacun, partie d'un

---

[1] *Across africa*, t. II, p. 284 et 317.

bassin central, où leurs affluents sont mêlés durant près d'une moitié de l'année : ce sont là deux façons de s'exprimer, d'une valeur scientifique inégale, mais rendant la même vérité au fond.

## II

#### ÉDOUARD LOPEZ ET LES VRAIES SOURCES DU NIL ET DU ZAIRE

Moins de quarante ans après la première décade de Barros, il parut un ouvrage qui accuse un grand progrès des connaissances portugaises sur l'intérieur de l'Afrique. Cet ouvrage, dont plusieurs ont parlé, mais que peu ont lu, ce semble, dans notre siècle, est la *Relation du royaume de Congo*, imprimée à Rome en italien, l'année 1591 [1]. La rédaction est de Philippe Pigafetta, mais tout le fonds appartient au portugais Duarte Lopez. Ce dernier était parti pour le Congo en 1578, sans doute dans le dessein d'y faire fortune comme tant d'autres par le commerce. Mais Lopez ne fut pas un trafiquant vulgaire : tout indique qu'il était profondément pénétré de l'esprit de recherche qu'Henri le Navigateur avait suscité chez ses compatriotes. Il sut donc faire largement profiter la science de ses rapports constants avec les naturels africains et de ses longues pérégrinations dans les régions centrales du grand continent. Sa relation ne nous le montre pas seulement instruit à fond de la géographie, de la langue, des institutions sociales et domestiques, des traditions nationales des pays de Congo et d'Angola, que ses compatriotes connaissaient depuis près d'un siècle. Il poussa ses investigations dans tout l'intérieur, et tantôt interrogeant

---

[1] M. de Lacerda a cité plusieurs fois la Relation de Lopez, sans peut-être en tirer tout le parti qu'il aurait pu. En 1867 aussi, M. Major, secrétaire de la Société géographique de Londres, a entretenu cette Société de la carte des lacs du Nil de Pigafetta (*Proceedings of the R. Geog. Soc.*, juin 1867, p. 246-250). M. Desborough Cooley l'avait fait dès 1845. Après les découvertes récentes, nous croyons qu'il est possible de rendre encore mieux justice à Lopez. M. Kiepert, dans ses *Beiträge zur Entdeckungsgeschichte Afrika's* (Contributions à l'histoire des découvertes en Afrique, Berlin 1873), ne dit rien de Lopez. Eyriès a consacré à notre voyageur, dans la *Biographie universelle* de Michaud, un article où il se montre bien informé ; nous n'en dirions pas autant de la courte notice qu'on trouve dans la *Biographie universelle* de Didot (article *Lopez*).

les indigènes, tantôt entreprenant des voyages lointains, il parvint à se former des bassins du Nil, du Zaïre et du Zambèze, et en particulier des grands lacs où ils ont leurs sources, une idée dont on peut dire en toute justice qu'elle est « étonnamment proche de la vérité. » Cependant ses informations auraient peut-être été perdues pour nous, sans l'occasion qui le ramena en Europe.

Vers 1586, Lopez était encore au Congo, quand le roi chrétien de ce pays, Alvare I<sup>er</sup>, le pria de lui servir d'ambassadeur auprès du Pape et du roi d'Espagne (alors maître du Portugal), afin d'obtenir d'eux un renfort de prêtres pour son peuple. Notre voyageur n'était pas indigne de cette honorable mission ; il la remplit avec zèle, sans qu'il paraisse toutefois en avoir vu le plein succès. A Rome, ses récits sur les pays et les peuples qu'il avait visités excitèrent un vif intérêt. Antonio Migliore, évêque de San-Marco, jugea qu'ils méritaient de recevoir une plus grande publicité et engagea Lopez à en dicter le résumé au savant Pigafetta. Telle est l'origine de la *Relatione del reame di Congo*. A peine publiée dans la capitale du monde chrétien, cette relation fut traduite en anglais (Londres 1597), en latin et en allemand (Francfort, 1598)[1], plus tard en hollandais, etc. Elle servit ensuite de base à presque toutes les descriptions de l'Afrique tropicale pendant le dix-septième siècle. En France, le premier auteur qui l'ait largement exploitée, paraît être le P. Pierre du Jarric, Jésuite (1610). Ce vieil historien des Missions, qui mériterait d'être mieux connu des érudits géographes, a vulgarisé dans notre patrie (s'il est permis d'employer un néologisme usuel) bon nombre de documents d'origine portugaise, aussi intéressants que difficiles à rencontrer aujourd'hui. La description des royaumes de Congo et d'Angola, en tête du livre troisième de son *Histoire des choses les plus mémorables advenües tant ès Indes orientales que autres païs de la des-*

---

[1] Ces deux traductions ouvrent le premier volume des *Petits voyages* de la célèbre collection (latine et allemande) des frères de Bry. Hugues de Linschoten, dans sa *Descriptio Guineæ, Congi*, etc. (à la suite de sa relation personnelle *Navigatio ac itinerarium*.., La Haye, 1599) a traduit aussi presque textuellement une grande partie de la relation de Pigafetta, notamment tout le passage sur les sources du Nil ; sa traduction est indépendante de celle de Francfort.

*couverte des Portugais, en l'establissement et progrez de la foy chrestienne et catholique*, est empruntée pour la plus grande partie à Pigafetta. En particulier, on y trouve exposé avec détail le système de Lopez sur l'origine du Nil, du Zaïre et du Zambèze[1]. Mais revenons à notre voyageur et laissons-le nous dire lui-même, par la plume de son secrétaire italien, ce qu'il avait entendu et observé sur les sources des fleuves géants de l'Afrique centrale. Commençons par le Nil.

« Le Nil ne prend pas sa source dans le royaume du *Preste-Jean* (l'Abyssinie), selon que quelques-uns pensent, bien moins encore dans les Montagnes de la Lune, ni, comme le prétend Ptolémée, de deux lacs situés au pied de ces montagnes l'un à l'orient de l'autre, et séparés par un intervalle de quatre cent cinquante milles[2]. A la hauteur du pôle sous laquelle Ptolémée place ces deux lacs, est situé le royaume de Congo et d'Angola du côté de l'occident, et vers l'orient l'empire de Monomotapa et le pays de Sofala, de manière que la largeur du continent, de l'Océan Indien à la mer d'Ethiopie (Atlantique), soit de 1200 milles : or, dans tout cet intervalle, — don Odoard (Lopez), qui a voyagé plusieurs années en ces régions, l'affirme comme témoin oculaire, il n'existe qu'un seul lac, lequel divise le royaume d'Angola du Monomotapa et dont les rives sont habitées à l'ouest par les Angolains, à l'est par les peuples de Monomotapa et Sofala[3]; enfin on n'a connaissance

---

[1] Livre III, ch. I, p. 15-16. On peut citer parmi les auteurs qui ont exploité le plus largement la relation de Lopez, après Linschoten et du Jarric, le missionnaire capucin Antoine Cavazzi (*Istorica descrittione de'tre regni Congo, Matamba et Angola*, Milan, 1690). Les cartes du « royaume chrétien du Congo, » dans les Atlas du XVII<sup>e</sup> siècle, suivent toutes plus ou moins fidèlement la description de Pigafetta. Il n'en est plus de même, nous le verrons, pour les cartes du cours du Nil.

[2] Pigafetta emploie le *mille* italien ancien ou mille marin, valant 1852 mètres. Les *montagnes de la Lune*, dont parle Lopez, seraient au sud du tropique du Capricorne ; elles sont appelées, dit-il, Toroa par les indigènes (Relat., ch. IX). Ce nom indique-t-il le pays des Bushmen, *Ba-roa?*). D'après lui, donc, les lacs du Nil de Ptolémée se trouvaient vers le 20° degré au sud de l'équateur. Nous ne savons qui lui a donné ces renseignements inexacts sur les idées du géographe alexandrin. Celui-ci, de fait, a placé ses lacs, l'un sous 6 degrés, l'autre (celui d'est) sous 6 degrés 1/2 de latitude australe, laissant entre eux une distance de 7 degrés 1/2 en longitude. D'Anville a montré le premier comment, en tenant compte des erreurs de la graduation de Ptolémée, on pouvait ramener ses lacs plus près de l'équateur (*Dissertation sur les sources du Nil pour prouver qu'on ne les a pas encore découvertes*, dans les *Mémoires de l'Académie des inscriptions*, 1752, t. XXVI, p. 45)

[3] Il est bon de faire observer que ce lac est différent des deux dont va parler le voyageur portugais; cela résulte de la latitude qu'il lui attribue (celle des lacs de Ptolémée, entre 15 et 20 degrés, d'après Lopez). Mais quel est ce lac? Le Ngami ou le Nyassa, ou un lac encore inconnu au centre du continent? La relation ne le

d'aucun autre lac dans ces pays. *Il est vrai, cependant, qu'il y a ici deux lacs, mais ils sont situés autrement que ne dit Ptolémée : le premier est bien loin des Montagnes de la Lune; quant au second, il n'est point placé de flanc par rapport à l'autre, mais au nord, presque en ligne directe, et à une distance de près de quatre cents milles.* Quelques-uns des indigènes croient que le Nil, au sortir du premier lac, est absorbé par la terre, pour remonter plus loin à la surface; d'autres le nient, et notre Édouard est de leur avis. Il pense que le Nil, dans cette partie de son cours, coule sans lit certain à travers des vallées solitaires et sauvages, entièrement inconnues, et que c'est là ce qui a donné lieu de dire qu'il pénétrait sous terre.

« *Le Nil naît réellement du premier lac, qui est situé à 12° vers le pôle antarctique*, et entouré de très-hautes montagnes, comme sont les Cafates et d'autres. De là, comme il a été dit, le *Nil descend vers le nord un espace de quatre cents milles; puis il entre dans le second lac, qui est plus grand que le premier*, aussi les indigènes lui donnent-ils le nom de mer; *ce lac est sous la ligne équinoxiale* et mesure en largeur près de deux cent vingt milles.

« Du second lac on a des connaissances certaines par les Anzikis, le peuple qui en est le plus voisin du côté du nord et qui fait le commerce dans ces parages. Les Anzikis rapportent que les riverains de ce lac naviguent dans de grandes embarcations, qu'ils savent écrire et font usage de chiffres, de poids et de mesures, ce qu'on ne savait faire dans les pays voisins du Congo, qu'ils construisent leurs maisons en pierre et en bois, enfin qu'ils ressemblent en tout aux Portugais. De tout ceci on peut conclure que l'empire du *Preste-Jean* ne doit pas être très-loin de là.

« De ce second lac, le Nil court vers l'île de Méroé, à la distance de sept cents milles, recevant dans cet intervalle d'autres rivières, dont la principale est le *Colues*, ainsi appelé parce qu'il sort du lac de ce nom, situé sur les confins de Mélinde. En arrivant à Méroé, le Nil se divise en deux branches et embrasse un terrain haut, dit Méroé. A droite de Méroé, à l'orient, coule une autre rivière du nom d'*Abagni*, qui prend sa source du lac *Bracina* et traverse l'empire du *Preste-Jean* jusqu'à l'île de Meroé. De l'autre côté, vers le couchant, courent d'autres rivières, parmi lesquelles est le *Saraboé*[1]. »

---

dit pas assez clairement; mais c'est sans doute le *Zachaf* des cartes et le *Dumbea-Zocche* de la *Description* de Linschoten (ch. vi).

[1] M. Major *(loc. cit.)* croit que le lac *Colues* représente le Victoria Nyanza ou Ukerewe. Peut-être verra-t-on un argument en faveur de cette opinion dans l'analogie même des noms Colue et *U-Kérewé*. Mais la rivière Colues pourrait être aussi le *Sobat*, un des affluents les plus puissants du Nil, et dont le cours supérieur porte le nom de *Tchol*; on sait d'ailleurs qu'il existe plusieurs lacs vers la côte de Mélinde. — Dans l'*Abagni* et le *Bracina* de Lopez, on reconnaîtra sans peine l'*Abagni (Abavi)* et le *Barcena (Bahr-Tsana)* de Barros.

Lopez continue en décrivant le reste du cours du Nil jusqu'à ses embouchures; pour conclure, il explique les causes de la crue périodique du fleuve de l'Égypte[1]. Laissant de côté ces informations, qui pour le moment nous intéressent moins, nous ferons quelques courtes réflexions sur le passage que nous venons de reproduire. Au premier abord on y remarque des renseignements si précis qu'on les croirait empruntés aux explorateurs modernes. Ainsi, la nette assurance avec laquelle est repoussé le système qui faisait naître le Nil dans l'Abyssinie, est très-frappante, surtout quand on sait que ce système avait alors pour lui tous les cartographes. Mais arrêtons-nous, pour le moment, aux grands lacs, aux sources du Nil.

Dans le premier, qui serait d'après Lopez la source la plus méridionale du fleuve de l'Égypte, nous croyons voir le *Tanganyika*, dans le second, le *Mwoutan* ou *Albert Nyanza*. Il convient de peser un moment ces identifications entre les lacs du voyageur du XVIe siècle et ceux qu'ont cru découvrir les explorateurs anglais de notre temps.

Pour le second, il nous semble qu'il ne saurait y avoir beaucoup d'incertitude. Dans ce grand lac situé sous l'équateur, que les indigènes appellent une mer, qui mesure en étendue près de 400 kilomètres et sur les bords duquel on voit des marchands semblables aux Européens, on reconnaîtra sans peine, soit le *Mwoutan N'zigé* (lac Albert), soit son voisin l'*Ukerewé Nyanza* (lac Victoria), soit encore les deux ensemble. On sait que ces énormes réservoirs du Nil sont traversés tous deux par la ligne équinoxiale, l'un dans sa partie nord, l'autre dans sa partie sud : quant aux habitants semblables aux Portugais dont parlent les Anzikis, c'étaient certainement des trafiquants arabes qu'on trouve constamment dans ces parages, où ils viennent de temps immémorial chercher de l'ivoire, du bétail et surtout des esclaves. La position que Lopez attribue à ses Anzikis, vient encore à l'appui de cette identification[2]. Il les place au nord-est du pays de Congo, à environ 450 milles (900 kilomètres) de l'Océan atlantique, enfin sur la rive droite

---

[1] Lib. II, c. x.
[2] *Relat.*, ch. v et vii.

du Zaïre, et vers le grand coude que ce fleuve, d'après la carte de Lopez comme d'après celle de Stanley, fait aux environs de l'équateur.

Les Anzikis étaient des cannibales déclarés, souvent en guerre avec les naturels du Congo. D'autre part, ils aimaient le trafic. Ils commerçaient non-seulement avec leurs voisins indigènes, mais encore avec les Portugais, et ces derniers, au témoignage de Lopez, se louaient de la simplicité, de la bonne foi qu'ils rencontraient chez les Anzikis. Or, il résulte des récits concordants de Schweinfurt, de Livingstone, Cameron, Stanley et d'autres, que le domaine propre des tribus anthropophages est encore aujourd'hui la région qui avoisine les grands lacs de l'équateur par le nord nord-est, et le cours moyen du Zaïre par le sud. D'ailleurs les cannibales modernes, comme ceux dont parle Lopez, paraissent à certains égards plus civilisés que les autres Africains et ils recherchent les relations avec les blancs. M. Stanley, au début de son voyage sur le Zaïre, a eu la preuve de leurs rapports intimes avec les marchands européens de la côte occidentale. L'expérience a manqué de lui devenir fatale ; car les indigènes, prenant sans doute la grande escorte armée du voyageur pour une caravane d'Arabes marchands d'esclaves, dont ils sont ennemis jurés, l'accueillirent à *coups de fusil*. C'était à près de trois cents lieues de l'Atlantique. Heureusement, ces fusils de l'Afrique centrale étaient vieux et ceux de M. Stanley étaient du dernier modèle.

Le premier lac de Lopez offre plus de difficultés que le second. Sa latitude, 12° au sud de l'équateur, ne répond exactement qu'au lac *Nyassa* ou au *Bangweolo*; cependant nous croyons qu'il s'agit du *Tanganyika*. C'est, en effet, au lac *découvert* par Burton et Speke en 1858, que nous amènent d'autres indications très-précises de la relation et de la carte qui l'accompagne. Entre les deux lacs du Nil et le long du premier, du côté de l'orient, Lopez place l'empire du *Moenemugi* ; en même temps, il donne pour voisins à cet empire du côté de l'est les royaumes arabes de Mombaz et de Zanzibar : le Moenemugi, dit-il encore, vit en paix avec les rois (sultans) de Mombaz et de Zanzibar, parce qu'il fait avec eux un commerce très-avantageux. Dans ce nom de *Moenemugi*, on a reconnu depuis assez longtemps l'*Unyamuezi* des voyageurs contemporains, grand pays qui touche en effet aux rives orientales et septentrionales du *Tanganyika* et que les marchands arabes ont de tout temps exploité[1]. Enfin, détail d'une certaine importance, les richesses métalliques signalées par Cameron et Stanley sur les bords du *Tanganyika*, répondent bien à ce que dit Lopez des nombreuses mines qu'on trouve auprès de son premier lac du Nil.

Quant à la latitude indiquée par le voyageur portugais, elle ne s'écarte pas trop de la vraie hauteur du Tanganyika (4° à 9° lat. A.) pour créer un obstacle à l'identification proposée. Mais on fera une autre objection. Le Nil ne sort pas du Tanganyika, ainsi que l'affirmerait Lopez. De fait, les récentes explorations, bien qu'elles laissent indécise la limite extrême des sources méridionales du grand fleuve, semblent décidément exclure le lac Tanganyika de tout rapport avec lui. Cameron a constaté que le Tanganyika écoule l'excès de ses eaux dans le *Lualaba* par le canal *Lukuga*, et Stanley vient de prouver que le Lualaba n'est autre chose que le cours supérieur du Congo ou Zaïre. Le Tanganyika aurait-il donc un double écoulement, l'un par le Congo, l'autre par le Nil? C'est ce que Lopez paraît avoir admis; car, comme nous le verrons, il rapporte que le Zaïre a une de ses sources au même lac que le Nil. Nous l'avons déjà dit, une pareille hypothèse a contre elle les lois de l'hydrographie. Toutefois, il n'est pas impossible que l'avenir donne encore raison dans une certaine mesure à notre explorateur du xvi° siècle. A juger par l'examen que M. Stanley a fait du *Lukuga*, après M. Cameron, il semblerait qu'il n'y a pas encore là un véritable écoulement; du moins le Lukuga reçoit le trop plein du Tanganyika seulement à de rares intervalles, au moment des grandes crues. Par ces observations et d'autres que le même voyageur a faites sur le lac Mwoutan, la question des rapports entre le Tanganyika et, par suite, du Tanga-

---

[1] Le capitaine Burton admet l'identification du pays de Moenemugi et de l'Unyamuézi (*Voyage aux grands lacs de l'Afrique équatoriale*, ch. xii, p. 360 de la trad franç.). On peut noter entre les deux noms la différence qu'il y a entre Congo et Mani-congo; *Moene-mugi* était le nom du souverain, *U-nya-muézi* celui du pays.

nyika avec le Nil, question qui paraissait résolue, est de nouveau ramenée dans la discussion.

En présence de ces fluctuations de la géographie moderne au sujet des sources du Nil, on ne s'étonnera pas que les indications de Lopez renferment quelque incertitude ou même quelque erreur. Il s'en dégage toujours un groupe de faits clairs et bien vérifiés, qui ne laisse pas que d'être respectable.

Terminons notre exposé par le court passage de la relation où il est question des sources du Zaïre[1].

« Le Zaïre, qui est de beaucoup le plus grand fleuve du pays de Congo, sort de trois lacs différents : d'abord il jaillit, pour ainsi parler, du même lac que le Nil ; ensuite il reçoit des eaux du lac où le *Lelunda* et le *Coanza* ont leur source ; enfin, en troisième lieu, il s'alimente encore d'un lac formé par le Nil. Ce sont là de bien faibles origines, si l'on considère la grandeur du fleuve... »

Le système des écoulements multiples d'un même réservoir naturel se retrouve dans ces passages. On peut, nous l'avons dit, n'y voir que l'expression malhabile d'un fait bien constaté, l'absence d'une séparation tranchée entre les bassins de plusieurs rivières différentes. Pour ce qui est des trois lacs du Zaïre, le premier est clairement désigné : il se confond avec le premier lac du Nil, celui que Lopez place aux environs du douzième degré de latitude australe, et qui nous paraît répondre au Tanganyika.

Quant au second, il en est question plusieurs fois dans la *Relation du Congo* : c'est un « petit lac, nommé *Aquilonda* ou *Aquelunda*, qui se forme aussi du grand lac où naît le Nil. » D'après la carte jointe à la relation, l'Aquilonda est situé par 11° lat. A., à peu près à égale distance des lacs du Nil et de l'océan Atlantique. Son principal écoulement, selon Lopez, est le Coanza, qui porte ses eaux directement à la mer. Quant au Zaïre, il communique avec l'Aquilonda par le Barbela[2].

---

[1] Lib. I, c. iv. cf. c. v.

[2] Le lac Aquilonda et la rivière Barbela sont restés sur les cartes modernes, mais n'ont encore été vus par aucun explorateur de notre siècle. Peut-être le Barbela est-il le même que le *Coango* ou *Kwango*, grand affluent du Congo ou Zaïre. On a souvent confondu le Coango avec le Congo, et l'Aquilonda lui-même avec le grand lac d'où sort le Zaïre. Lopez n'a point fait la confusion.

La position de la troisième source du Zaïre, « un lac formé par le Nil, » est moins nettement déterminée. Comme Lopez ne nomme que trois lacs en relation avec le Nil, le premier, où ce fleuve prend sa source, le second, qu'il traverse sous l'équateur, et l'Aquilonda, c'est sans doute du second qu'il a voulu parler. C'est ainsi, du reste, que l'a entendu Pigafetta : sur sa carte, le Zaïre, après s'être détaché du premier lac dans sa partie occidentale et avoir coulé quelque temps nord-nord-ouest, est rejoint un peu au sud de l'équateur, au point où son cours s'infléchit vers l'ouest, par une grosse rivière qui descend du second lac du Nil. Cet affluent fait penser à l'*Aruwimi* de Stanley, le second pour l'importance des tributaires du Congo : l'Aruwimi arrive aussi du nord-est, comme s'il sortait du lac équatorial *Mwoutan* (Albert Nyanza) et il s'unit au Zaïre un peu au nord de l'équateur. C'est le Mwoutan, avons-nous dit, qui répond le mieux aux indications données par Lopez pour le second lac du Nil.

Arrêtons-nous, et laissons à nos lecteurs à juger si des coïncidences aussi nombreuses et aussi précises avec les découvertes contemporaines peuvent être l'effet du hasard. Il nous paraît, nous l'avouons, qu'elles ne peuvent provenir que d'explorations étendues, faites en partie au moins sur le théâtre des expéditions actuelles, et complétées par des informations recueillies avec une rare intelligence.

## III

### LE P. MARIANO ET LE LAC NYASSA

Plusieurs géographes et voyageurs savants ont parlé d'un projet d'exploration du lac Nyassa, formé jadis par un Jésuite portugais. La manière dont ils s'expriment laisse entendre qu'ils n'ont eu connaissance d'un document de ce genre que par des indications vagues de seconde ou troisième main. Des écrivains portugais, érudits et consciencieux, qui avaient intérêt à le produire, ne l'ont pas mieux connu[1]. Ainsi la publication de la let-

---

[1] M. Burton en parle d'après Bowdich *(Op. cit.*, ch. xvi, p. 533) et suppose que le « projet d'exploration » du P. Mariano a été adressé au gouverneur (vice-roi) de

tre du P. Mariano, que nous allons donner d'après une reproduction authentique, ajoutera une pièce de quelque valeur à l'histoire des découvertes géographiques. Elle prouvera que le grand lac dont Livingstone pensait avoir vu les eaux le premier de tous les Européens, en 1859, était connu et avait été visité plus d'une fois des Portugais, il y a 250 ans.

Le P. Luis Mariano, à qui nous devons la première description publiée du lac Nyassa, n'avait point visité ce lac, à la date où sa lettre fut écrite (1624) ; mais ses informations, très-circonstanciées, comme on le verra, proviennent de témoins oculaires, qui ont dû faire leurs observations avec beaucoup de soin. Il n'est pas impossible que le missionnaire ait lui-même chargé quelques-uns de ses néophytes indigènes ou quelque marchand portugais de recueillir les renseignements qu'il nous communique. Ces renseignements lui avaient été demandés par ses supérieurs : voici à quelle occasion.

Les Turcs s'étaient emparés de tous les ports de la mer Rouge, et par ce côté fermaient rigoureusement le chemin de l'Abyssinie aux missionnaires qui se dévouaient à évangéliser ce pays. Cependant la Compagnie de Jésus ne voulut pas abandonner une mission pour laquelle son fondateur avait montré une prédilection marquée, et qui d'ailleurs donnait de beaux fruits depuis près d'un demi-siècle. On se mit donc à chercher d'autres voies pour l'aborder. Plusieurs tentatives furent faites à travers le pays des Gallas : expéditions héroïques, mais que le fanatisme musulman sut toujours rendre inutiles. Il est naturel que le zèle ait fait germer des projets encore moins pratiques : tel fut celui de pénétrer en Abyssinie par un des grands lacs de l'Afrique

---

Goa. Si M. de Sá da Bandeira et M. de Lacerda avaient connu la lettre que nous donnons, ils n'auraient pas manqué de la placer en tête des documents qu'ils ont réunis pour établir la priorité des Portugais quant à la découverte du lac Nyassa (*Bulletin de la Société de géographie* de Paris, 1862, 5ᵉ série, t. III, p. 351 et suiv.— *Exame das viagens*, etc., p. 45 et suiv.). Mais on savait au moins en Portugal que d'Anville avait dessiné son lac Maravi d'après le P. Mariano (Lacerda, *Exame*, p. 47). Ajoutons, à ce propos, que la première carte où le célèbre géographe ait tracé ce lac, n'est pas celle de 1749, comme on l'a dit souvent, mais une carte de 1727, qu'on trouve jointe au *Voyage historique d'Abyssinie* du P. Lobo, traduit par l'abbé Le Grand (Paris, 1728). M. Kiepert ne connaît pas le P. Mariano.

centrale, notamment par le Nyassa ou, comme on disait alors, le lac de *Maravi*. En effet, un historien des missions de la Compagnie de Jésus, le P. François de Sousa, nous apprend que certains Pères « voulurent anciennement naviguer par ce lac jusqu'en Ethiopie et envoyèrent demander au P. Luis Mariano, résidant à Tete, si le voyage était praticable[1]. » Est-il besoin de faire remarquer que cette demande seule prouve déjà que le lac de Maravi était connu au début du xvii<sup>e</sup> siècle?

Le missionnaire répondit par une lettre qui se conservait encore aux archives des Jésuites de Goa du temps du P. de Sousa (1710). Une version italienne en a été publiée à Rome en 1627 dans les *Lettere annue d'Etiopia, Malabar, Brasile, Goa dall'anno* 1620-1624. C'est sur cette version, conforme d'ailleurs à l'analyse du document original donnée par le P. de Sousa, qu'est faite notre traduction française.

« Le lac d'*Hemosura*[2] est à quatre-vingt-dix-sept journées de marche de *Tete*[3]. Il est à une demi-lieue de *Maravi*, comme me l'a affirmé quelqu'un qui avait noté toutes les particularités. De ce lac naît le fleuve *Cherim*[4], qui dans le principe est très-paisible, mais ensuite, à cause des nombreux rochers qu'il rencontre et où il se brise, devient si impétueux qu'on ne peut y naviguer. *Morave*[5] (Maravi) est situé entre le lac et le

---

[1] *Oriente conquistado a Jesu Christo*, t. I, p. 839. — Le P. Mariano, avant de venir exercer l'apostolat au milieu des Cafres, à *Tete*, sur les rives du Zambèze, avait pris part à la première évangélisation de l'île de Madagascar.

[2] *Hemosura* était le nom d'un chef cafre, qui avait fondé une sorte d'empire dans le voisinage du lac Nyassa et donnait beaucoup à faire aux Portugais, au moment où écrivait le P. Mariano. Le recueil que nous citons contient une autre lettre où il est fort question des exploits d'Hemosura ; elle est d'un Père qui suivit comme aumônier l'expédition que durent entreprendre contre lui les commandants portugais de Senna et Tete. Le P. Mariano fera aussi allusion à cette guerre.

[3] Il doit y avoir ici une erreur dans la version que nous suivons. Le P. de Sousa dit que « la capitale des Maravi est à environ *soixante lieues* nord-nord-est de Tete et peut se trouver à peu près sous 12° lat. A. » La lieue portugaise valait un peu plus de cinq kilomètres. Ces 300 kilomètres répondent mieux, non-seulement à la réalité des distances, mais encore au contexte du P. Mariano.

[4] Le *Cherim* est évidemment le Chiré *(Shiré)* de Livingstone Ce qu'en dit ici le P. Mariano répond parfaitement à la description du voyageur anglais. Le Chiré était connu et pratiqué des Portugais au xvii<sup>e</sup> siècle, quoi qu'ait dit Livingstone, qui, sur la question des découvertes géographiques des anciens Portugais, a souvent nié ce qu'il ignorait. (Sà da Bandeira et Lacerda, loc. cit.)

[5] *Morave* ou *Maravi* désigne ici la ville ou la localité principale de la peuplade du même nom, qu'on trouve encore aujourd'hui où la place le P. Mariano.

*Zambezi :* cet endroit est très-peuplé et nous (les Portugais) faisons grand trafic avec les habitants. Plus loin, on rencontre deux rois (chefs) principaux ; l'un est *Massi*[1], qui réside à quinze journées de *Morave ;* l'autre se nomme *Rovenga*[2], il demeure à cinq jours de marche plus loin. Les gens de Rovenga n'ont pas connaissance de l'extrémité du lac, tellement il s'étend loin. Il est large de quatre ou cinq lieues, et sur quelques points on ne voit pas la terre d'un bord à l'autre. Il est tout parsemé d'îles, où les voyageurs trouveraient des abris. Il renferme beaucoup de poissons. Il est profond de huit ou dix brasses et fort agité des vents de Mozambique. Pour cela, qui voudrait aller l'explorer devrait s'y rendre en avril et mai.

« Sur les rives de ce lac, il y a abondance de millet et de viande, ainsi que d'ivoire qui s'y donne à bon marché ; enfin on y trouve beaucoup de barques propres à la navigation, que les indigènes appellent *cotchi*. Il faudrait pour cette expédition se munir d'une bonne quantité de marchandises, de celles qui ont cours le long du fleuve de Cuama, c'est-à-dire de toile et de perles de toute grosseur ; de plus, la caravane ne devrait pas compter moins de quarante personnes, soit blancs, soit noirs. Et qu'on s'attende bien à rencontrer beaucoup de difficultés, surtout au milieu d'une guerre comme celle qui sévit pour le moment. Il n'est pas possible, d'ailleurs, d'aller par le pays de Massi, bien que ce roi soit notre ami ; car, entre autres embarras, de graves infirmités viennent y assaillir les voyageurs ; ajoutez une longue navigation par d'ennuyeuses rivières et dans des embarcations incommodes, avec la nécessité de passer par les terres des Cafres, gens barbares et auxquels il y a peu à se fier. Avec tout cela, je n'hésiterai point à entreprendre cette expédition, si la sainte obéissance me le commande. »

Nous ne pensons pas que les supérieurs du P. Mariano se soient arrêtés longtemps à l'idée d'aller par ce lac en Éthiopie. On regrettera peut-être qu'ils ne l'aient pas fait explorer au moins pour l'amour de la science. Mais, comme le remarque le P. de Sousa, c'était là une entreprise au-dessus de leurs ressources : « Cette exploration, » dit justement notre historien, « demande un *bras royal*, et c'est au bord même du lac qu'il

---

[1] *Massi* : Livingstone, en 1859, rencontre aussi un chef qu'il appelle *Muassi* ou *Muazi*, un peu à l'ouest du Nyassa, vers le milieu du lac.

[2] Rovenga serait-il l'*U-rungu* qu'on trouve maintenant vers la pointe méridionale du Tanganyika ? Le P. de Sousa croit pouvoir placer les *Ruengas* (sic) presque à la hauteur de Mombaça : il prolonge ainsi le Nyassa à travers le Tanganyika. D'Anville a admis cette donnée sur sa carte.

faudrait fabriquer des embarcations à voiles et à rames, comme fit Cortez pour prendre la ville de Mexico; car il est impossible qu'avec de petits *cotchos* on mène à bon terme une navigation si longue et si incertaine. »

Malheureusement, il n'y avait plus alors de Fernand Cortez, et rien n'indique que les souverains de Portugal aient ambitionné l'honneur de percer les mystères du lac Nyassa. Le bon P. de Sousa avait beau les y convier encore en 1710 ; il en fut pour ses vœux et ses suggestions patriotiques.

## IV

### LA CARTOGRAPHIE DES SOURCES DU NIL, DU QUINZIÈME AU DIX-HUITIÈME SIÈCLE

Comment se fait-il que les informations si sérieuses d'Edouard Lopez sur les lacs du Nil aient laissé si peu de traces dans l'histoire de la géographie? En effet, elles n'ont jamais paru, que nous sachions, sur aucune carte, à part l'esquisse de Pigafetta. Hondius, Sanson, Dapper, comme Ortelius et Mercator, s'en tiennent à l'idée de Ptolémée, c'est-à-dire au système des deux lacs placés presque sous la même latitude, et à plusieurs degrés au sud de l'équateur. Il y a là un problème qui mérite d'être touché en quelques mots. Le résultat en sera de faire ressortir avec plus d'éclat la valeur exceptionnelle et originale de la Relation de Lopez.

Nous avons vu comment il réfute les idées de Ptolémée sur la position des sources du Nil, bien qu'elles fussent admises sans discussion depuis des siècles. Mais il ne se prononce pas moins nettement contre un système encore plus fâcheux qui, né depuis peu, envahissait toutes les cartes d'Afrique et devait s'y maintenir, hélas! malgré Lopez, jusqu'à la fin du xviiie siècle. Cette autre conception des lacs du Nil était une combinaison malheureuse du système de Ptolémée et des informations rapportées par les premiers voyageurs portugais en Abyssinie. On conservait les lacs du Nil à la place marquée par le grand maître des géographes de la Renaissance, c'est-à-dire vers le 6° degré de latitude australe; mais on prolongeait en même temps le pays abyssin vers la même région, l'amenant ainsi à plus de vingt degrés au sud de sa vraie limite méridionale. Quelle fut l'origine de cette énorme erreur? C'est qu'on croyait avoir trouvé les lacs de Ptolémée et les sources du Nil dans l'Abyssinie. On le croyait sur la parole des Abyssins, qui appellent du nom du Nil leur *Abavi*, lequel est un simple affluent, quoique peut-être le plus considérable de ceux qui alimentent le fleuve égyptien. Le Camaldule Fra Mauro, qui accrédita cette confusion dans sa célèbre mappemonde dès 1457, avait certainement tracé sa carte de l'Abyssinie et du Nil d'après des renseignements reçus de pèlerins abyssins[1]. Les ambassadeurs du roi Jean II de Portugal se laissèrent tromper dans l'Abyssinie même par des indications semblables. Il sera utile de citer ici la Relation de François Alvarez, qui fut le chapelain de l'ambassade de 1520[2]. L'auteur décrit le royaume de *Goyame*, qui fait partie de l'empire du *Prêtre-Jean;* puis voici ce qu'il rapporte:

« On dit que dans ce royaume naît ou prend sa source le fleuve *Nil*, que les indigènes appellent *Gion;* on dit aussi qu'il s'y trouve de *grands lacs* semblables à des mers, où il y a des hommes et femmes marins, et quelques-uns affirment cela comme l'ayant vu. »

Un peu plus loin, s'expliquant sur une série de questions savantes que lui avait fait poser l'archevêque de Braga, Alvarez répond ainsi au sujet du Nil:

« Qu'il n'a pas vu le fleuve Nil, mais qu'il a passé à deux journées de là (et les journées de marche dont il parle sont petites, c'est-à-dire de quatre lieues plus ou moins). Toutefois quelques-uns de ses compagnons sont parvenus à la source du Nil; ils disent qu'il naît dans le royaume de Goyama, et prend sa source dans de grands lacs, où

---

[1] C'est ce que montre Zurla dans son mémoire sur Fra Mauro et dans une note de sa dissertation sur *les avantages que la géographie doit à la religion*.

[2] La relation d'Alvarez, publiée à Lisbonne, en 1640, est traduite dans Ramusio, *Navigationi*, etc., t. I. Les textes que nous citons se trouvent dans cette collection fol. 272 et 277. M. de Lacerda les donne dans son *Exame* (p. 611) d'après le manuscrit original d'Alvarez : c'est sur ce texte que nous traduisons.

déjà il y a des îles ; là donc le Nil commence sa course et s'en va vers l'Égypte. »

Ces passages de la relation d'ailleurs si estimable d'Alvarez exercèrent une influence malheureuse sur la cartographie. Ce fut le savant Ramusio qui répandit les informations du prêtre portugais dans toute l'Europe par la version italienne qu'il en donna dans sa précieuse collection de voyages. Dans une seconde édition (1554), il les reportait sur une carte, en essayant de les combiner d'abord avec les positions astronomiques de Ptolémée, puis avec les renseignements nouveaux qu'il venait de trouver dans la première Décade de Barros. C'est peut-être dans cette carte qu'on put voir pour la première fois le lac occidental du Nil de Ptolémée, transformé en un vaste réservoir aux contours bizarres, d'où le Nil s'échappe par le nord, tandis que le Zaïre en jaillit à l'ouest et le Zembere (Zambèse) au sud. Tout à l'entour et en remontant, depuis 6° de latitude australe jusqu'aux frontières de l'Égypte, on ne lit que les noms des royaumes, provinces et montagnes de l'Abyssinie. Les cartographes flamands et hollandais paraissent avoir calqué Ramusio : leur originalité se borna uniquement à agrandir encore le grand lac central et à lui en adjoindre quelques autres plus petits; ils ne retranchèrent pas au *Prêtre-Jean* un degré de son empire impossible. Du moins Ramusio avait eu quelque scrupule ; dans une préface à sa traduction d'Alvarez, il exprime le regret que ce voyageur, qui sans doute savait se servir de l'astrolabe, « que connaissent, dit-il, tous les marins portugais, » n'ait pas « pris la hauteur du pôle au-dessus de l'horizon dans tous les lieux où il a passé. » Ses émules du nord étaient, paraît-il, moins exigeants. Le cosmographe très-vanté, O. Dapper, dont la carte est reproduite par M. Kiepert comme représentant le mieux l'état des connaissances géographiques du xviie siècle sur l'Afrique, n'est pas plus avancé en 1676 que ne l'était Hondius en 1606 et Ramusio en 1554, au moins pour ce qui concerne le Nil et l'Abyssinie. Pourtant les PP. Alphonse Mendez, Manoel d'Almeida, Jérôme Lobo et d'autres avaient depuis cinquante ans dressé, l'*astrolabe* en main, une carte très-exacte de ce pays ; et les principaux résultats de leurs travaux étaient connus au moins depuis quinze ou vingt ans par des publications de quelque notoriété : il suffira de nommer l'*Histoire de la haute Éthiopie*, par le P. d'Almeida, abrégée par le P. Tellez (1660)[1].

Concluons que si M. Kiepert a voulu montrer l'état des connaissances géographiques du xviie siècle à son point culminant, d'autres cartes de cette même époque, ou même la carte de Lopez qui est du seizième siècle, auraient beaucoup mieux servi son but que le Hollandais Dapper, avec sa carte arriérée de quatre-vingts ans. Mais M. Kiepert a-t-il pris la peine de lire Lopez? On en peut douter. Et après tout, il faut bien le reconnaître, le voyageur du xvie siècle n'a eu qu'une influence restreinte sur le siècle suivant. Lopez est venu trop tôt pour être bien compris et apprécié; les cartographes du temps n'étaient pas disposés à lui sacrifier Ptolémée, et aucun d'Anville n'avait encore posé les principes d'une sage critique géographique. Aussi l'on voit des auteurs qui copient la relation de Lopez, offrir à leurs lecteurs dans le même volume des cartes exactement contraires à son texte[2]. Puis les Atlas de Mercator et Hondius, des Janson et Blaeu, de Dapper, étaient admirablement gravés, ce sont de vrais chefs-d'œuvre de dessin, sinon de science; ils étaient accompagnés d'un texte intéressant, latin ou français : la carte grossière de Pigafetta et la relation un peu aride de Lopez ne pouvaient s'ouvrir un chemin vers le public à travers de si beaux volumes.

---

[1] Le P. Eschinardi, professeur de mathématiques au Collège romain, a composé d'après l'*Histoire d'Éthiopie* du P. d'Almeida et une description manuscrite du P. Alphonse Mendez, patriarche d'Éthiopie, une grande carte, qu'on trouve en quatre feuilles, accompagnée d'une *Description de l'empire du Prete-Jean*, dans le *Recueil de divers voyages faits en Afrique et en Amérique qui n'ont point encore été publiés... avec des traités curieux touchant la Haute-Éthiopie*, etc., Paris, L. Billaine, 1674, in-4°. (L'éditeur est H. J., c'est-à-dire Justel). C'est d'après cette carte et d'autres documents de semblable origine que les réformateurs de la géographie, Guillaume Delisle (1708), et surtout d'Anville (1727), ont composé leurs cartes d'Abyssinie qui déjà diffèrent peu des cartes modernes.

[2] C'est ce qu'on peut remarquer, par exemple, dans les ouvrages déjà cités de Linschoten (1599) et Cavazzi. Ce dernier, ou son éditeur, avertit au moins de la discordance, ce que ne fait pas Linschoten.